MÉTHODE

POUR APPRENDRE

EN MÊME TEMS

A LIRE ET A ÉCRIRE,

Par Alexandre CHORON,

Ex-Elève de l'Ecole Polytechnique.

PREMIÈRE PARTIE,

ORTHOGRAPHE SIMPLE.

TROISIÉME ÉDITION.

A PARIS,

Chez BERNARD, Libraire, quai des
Augustins, n°. 3r.
Et chez POTEY, rue du Bac.

A CAEN { chez LE ROY, Imprim.-Libraire,
rue Saint-Pierre.
chez MANOURY aîné, même rue.

DE L'IMPRIMERIE DE GILLÉ FILS.

An XI. — 1803.

X 1266.

K. fut.) K f . + a. 3.

INTRODUCTION.

~~~~~~~~~~~~

Pour enseigner à lire et à écrire à l'aide de cette méthode , préparez d'abord votre élève à écrire , en lui faisant couvrir avec de l'encre ordinaire les *i* et les *o* des deux feuillets détachés , et en l'exerçant à former ces mêmes lettres sans le secours des traces. Dès qu'il y réussira passablement, faites-lui lire (lignes 1, et 2, du syllabaire), les lettres A , a , et faites-lui tracer, (page 1 , du premier cahier) la lettre *a* , en nommant cette lettre , chaque fois qu'il l'aura écrite ; il écrira cette même lettre sans traces à la page 2 ; vous interromprez de temps en temps l'écriture , pour faire lire la lettre A, a, dans le syllabaire. Faites de même lire dans le syllabaire la lettre È, è, que vous prononcerez comme dans procès. Faites-la écrire page 3, du premier cahier, d'abord sur traces, puis sans traces, ayant toujours soint de faire nommer la lettre qui vient d'être tracée. Cette page finie, reprenez dans le syllabaire les deux premières lettres dans cet ordre, A, È; a, è; A, a; È, è; et faites écrire la page 4 premier cahier. Continuez de même pour la page 5, faites lire É, é, que vous prononcerez comme dans paté; la page 5 étant terminée, reprenez le syllabaire dans cet ordre A, È, É; a, è, é; A, a; È, è, É, é; et de même pour les articles suivants, en ayant soin de prononcer *e* sans accent, comme il se prononce dans *je*, *ne*, *me*, *le*, en sorte que les lettres A È É E se prononceront　　A AI É EU.

Vous ne ferez pas épeler les voix

ou an , ni les autres qui s'écrivent par plusieurs lettres.

Les deux premières lignes du syllabaire et le premier cahier étant terminés , votre élève saura parfaitement lire et écrire à la dictée les voix de la langue française ; il faut lui apprendre les articulations.

Pour cet effet , vous lui ferez lire plusieurs fois toute entière et de suite la ligne troisième du syllabaire , vous lui apprendrez (page première du deuxième cahier) à tracer le b, à écrire sur traces , puis à la dictée les syllabes ba bè bé be etc. Vous ferez de même lire et écrire à la dictée les syllabes ab èb ib etc. Vous ferez ensuite lire ces deux lignes du syllabaire dans cet ordre Ba , ab ; bè, èb , bé , be ; bi etc. Vous les dicterez aussi dans ce même ordre. Vous reprendrez ensuite les

quatre premières lignes du syllabaire
d'abord de suite, puis dans cet ordre
A, a, Ba, ab, E, è, bè, èb; etc. Et
vous terminerez ce qui concerne l'article du b, par faire écrire à la dictée
et lire les mots qui, dans cette première partie, se trouvent à l'article
B. b. pag. 7. l'élève connoîtra cette
articulation. Vous répéterez les mêmes opérations sur la lettre P et les
suivantes; et la première partie étant
terminée, votre élève sera en état de
lire et d'écrire à la dictée tous les
mots de la Langue Française qui
s'écrivent comme ils se prononcent;
il sera même en état d'écrire tout
ce qu'il voudra selon ce système
d'orthographe.

Alors vous prendrez la seconde
partie de la méthode, et vous ferez
entendre à l'élève que les notations
placées à la marge valent autant dans

les mots qui sont à côté d'elles, que les capitales qui sont au haut de la page ; vous lui ferez lire quelques articles ; il les écrira à la dictée, et terminera sa leçon par lire tant dans son cahier que dans son livre tout ce qu'il aura écrit. A la fin de cette seconde partie, il saura lire dans tous les livres possibles ; il écrira correctement une certaine quantité de mots.

Des expériences faites sur près de mille personnes, tant à Paris que dans le Calvados et autres lieux, ont donné les resultats suivans. 1°. Une personne de l'âge au-dessus de l'enfance, sachant déjà lire, apprend en un mois à écrire assez pour son usage ; un enfant de sept ans, en deux mois. 2°. Une personne de l'âge au-dessus de l'enfance, ne sachant ni lire ni écrire, apprend l'un et l'autre en deux à trois mois ; un enfant en quatre à cinq.

On a vu le citoyen Lasalle, artiste vétérinaire de la commune de Saint-Julien, arrondissement de Lizieux, âgé de cinquante-sept ans, et connaissant à peine les lettres, apprendre en treize leçons à lire et à écrire, des enfans de six à huit ans ont su parfaitement cette première partie en vingt-deux jours : mais ce sont là des extrêmes ; les termes que nous avons indiqué ci-dessus sont les termes moyens ; les intelligences les plus faibles n'ont jamais exigé plus que le double de ce tems.

EXERCICES

SUR LE SYLLABAIRE.

B b

Bé-bé bi-bi bo-bi bo-bo bam-bin
Bébé bibi bobi bobo bambin

bam-bou bon-bon ba-bouin im-bi-bé
bambou bonbon babouin imbibé

bu-i.
bui.

P p

Pa-pa pe-pin pou-pon pou-pin
Papa pepin poupon poupin

pom-pon é-pi a-pi pi-on.
pompon épi api pion.

V v

A-vé pa-vé.
Avé pavé.

F f

Fi-fi fan-fan.
Fifi fanfan.

M m

Ma-man mi-mi a-mi é-mu vo-mi
Maman mimi ami ému vomi

Mo-ab fu-mé pou-mon.
Moab fumé poumon.

D d

Da-da   do-do don-don   din-don
dada   dodo   dondon   dindon

Dé-mon de-vin   di-vin bou-din
démon   devin   divin   boudin

pa-dou mi-di in-di-vi-du a-ban-don
padou   midi   individu   abandon

bi-don bon-don.
bidon   bondon.

T t

Tou-tou é-tui pa-tin pan-tin pon-ton
Toutou étui patin pantin ponton

T t

tin-tou-in pa-ta-pouf tam-pon fé-tu
tintouin patapouf tampon fétu

ti-mon mou-ton é-té a-vi-di-té bu-tin
timon mouton été avidité butin

bou-ton ma-tin ti-mi-di-té poin-tu
bouton matin timidité pointu

Poi-tou bon-té vo-mi-tif.
Poitou bonté vomitif.

N n

A-non bé-ni bé-nin me-nu u-ni-té
Anon béni bénin menu unité

pu-ni ve-nin To-pi-nam-bou da-tif
puni venin Topinambou datif

in-fi-ni-té fa-non u-na-ni-mi-té in-fi-ni
infinité fanon unanimité infini

va-ni-té nu-di-té mi-non a-dop-tif
vanité nudité minon adoptif

nou-é.
noué.

L l

Alun élan balon bélin bilan lapin
pilon vélin talapoin filou foulon lundi
talon pantalon bluté dotal doublon
diablotin poli plantin filon amabilité
lambin latin malin mouin amovibilité
milan baladin palatin animal pluvial
métal total fanal fatal féodal fatalité
inamovibilité vital impalpabilité linon
futilité dilatabilité féodalité mobilité
fidélité lividité l'impidité bémol oubli
totalité volonté volubilité volupté
utilité peloton boulon melon falbala
défilé.

R r

Baron burin ruban ravin fretin
fripon fronton édredon rapidité abri
intrépidité balandran tournoi ortolan
turban trépan tamarin matrimonial
minéral patrimonial mardi morfondu

R r

brutalité familiarité formalité frivolité
importunité infirmité libéralité opéra
moralité maturité matérialité probité
prématurité variabilité propreté profil
fourmi artimon revenu brelan fémur
préparatif parfum forban florin lutrin
pélerin tambourin amiral tribunal
méridional rural rival diurnal biribi
numéro barbon bridon bourdon futur
brandon fredon lardon pardon vérité
intrépidité irréformabilité probabilité
pénétrabilité minorité impénétrabilité
mortalité témérité rivalité pluralité
propriété priorité urbanité marmiton
avorton portatif pourtour,

Y y

Yolof yunan yédo yaméo yanon
travail orteil réveil pareil avril babil
Popayan Loyola Royan yupi mail
deuil fenouil.

GN gn

Rognon trognon mignon dignité
ignorantin Avignon pignon Lamoignon
alignoir magnanimité orignal brugnon
lumignon Frontignan vigneron ignoré
indignité malignité,

Z z

Azur blazon Mazarin Montézuma
zéro Zulmé bazar Luzi vizir diapazon
Aza Zénon Zabulon Zamora Zulnar.

S s

Soupé absurdité serin sofa supin
strapontin transpontin samedi savon
postériorité insolvabilité solidité santé
solidarité spontanéité stabilité sablon
spiritualité supériorité stérilité salon
administratif bistouri piston surdité
subtilité risban safran soudan satin
substantif sapin sultan arsenal sandal

S s

lustral santal signal insipidité subtil postérité salubrité sommité sérénité sévérité sobriété stupidité sublimé vétusté surnom tournesol souvenir soupir similor plastron prospérité.

J j

Jupon Joab Juba Trajan jardin joli jasmin Jupin Justin jambon japon sapajou majorité Junon jalon major ajustoir jubilé jalap bajou bijou Anjou joujou Juda jovial journal Juvénal juré jeton jubé jaspé donjon abjuré.

CH ch

Bichon Bacha cheval chambrelan charbon bouchon barbichon chemin champignon tirebouchon fourchon charlatan chenapan chafouin charité chérubin chantourné chasteté.

CH ch

échevelé débouché marché péché
bichon manchon torchon Fanchon
branchu fichu déchu fourchu chalan
échevin moucheté parchemin chenal
machinal maréchal sénéchal chardon
brochoir chignon échelon chevelu
chérif chétif.

G g

Galon égalité dragon jargon gredin
bougran drogman gourdin sagouin
gardefou périgourdin inégal madrigal
indigo inégalité intégrité infatigabilité
prodigalité légalité galbanon goudron
grognon gnomon brigantin chagrin
grigou ouragan égal baragouin galopin
maringouin fagotin Gargantua frugal
diagonal légal tigré Églé dégré galon
bénignité gradué rigodon frugalité
longanimité gravité chagriné grenu
gonfanon guenon.

C c

Café bivouac cornac mic-mac bouc
trictrac agaric alambic arsenie aspic
balcon flacon flocon Gascon crochu
bouracan cadran capitan cormoran
carlin carmin chicotin carton canon
contour crin cap acajou clou coucou
bocal canal cordial crural épiscopal
fiscal médical local monacal cornu
canapé crampon crépon croquelardon
coupon cordon calamité conjuré locati
conformité activité vicomté pronostic
incomparabilité public ric-à-ric trafic
bloc troc froc archiduc califourchon
cochon capuchon coqueluchon écran
pélican cornichon toucan bénédictin
biscotin bouquetin carabin scrutin
tocsin capital caporal cardinal pascal
patriarcal radical braquemar zodiacal
Jacob cacao crépu carafon colibri
cadédis cardon captivité cavité clarté

C c

incompatibilité concavité ponctualité crudité décrépité écourté fécondité incombustibilité incorruptibilité calin irrévocabilité crachoir scandé.

GU gu

Doguin Bourguignon consanguin sanguin béguin ambiguité régularité irrégularité Caligula singularité drogué coagulé coagulatif guignon guéridon consanguinité guidon contiguité.

QU qu

Antiquité Algonquin aquilin requin Arlequin baldaquin brodequin curé coquin lambrequin marasquin taquin palanquin trusquin tonquin turquin quinquina custodial cubital quintal curial cupidité curvité incurabilité subsécutif difficulté équité faculté incurabilité iniquité vacuité sécularité inarticulé curatif consécutif Cupidon spéculatif manqué flanqué.

SYLLABAIRE GÉNÉRAL.

	A a	È è	É é	E e	I i	O o	U u	OU ou	AN an	IN in	ON on	UN un	OI oi
B b	Ba / ab	bè / èb	bé	be	bi / ib	bo / ob	bu / ub	bou / oub	ban / amb	bin / imb	bon / omb	bun / umb	boi
P p	Pa / ap	pè / èp	pé	pe	pi / ip	po / op	pu / up	pou / oup	pan / amp	pin / imp	pon / omp	pun	poi
V v	Va / av	vè / èv	vé	ve	vi / iv	vo / ov	vu / uv	vou / ouv	van / anv	vin / inv	von / onv	vun	voi
F f	Fa / af	fè / èf	fé	fe	fi / if	fo / of	fu / uf	fou / ouf	fan / anf	fin / inf	fon / onf	fun	foi
M m	Ma / am	mè / èm	mé	me	mi / im	mo / om	mu / um	mou / oum	man	min	mon	mun	moi
D d	Da / ad	dè / èd	dé	de	di / id	do / od	du / ud	dou / oud	dan / and	din / ind	don / ond	dun	doi
T t	Ta / at	tè / èt	té	te	ti / it	to / ot	tu / ut	tou / out	tan / ant	tin / int	ton / ont	tun	toi
PT	Pta	ptè	pté	pte	pti	pto	ptu	ptou	ptan	ptin	pton		
FT	Fta	ftè	fté	fte	fti								
TM	Tma	tmè	tmé	tme	tmi	tmo							
N n	Na	nè	né	ne	ni	no	nu	nou	nan	nin	non	nun	noi
PN	Pna	pnè	pné	pne	pni	pno	pnu	pnou	pnan	pnin	pnon	pnun	pnoi
L l	La / al	lè / èl	lé	le	li / il	lo / ol	lu / ul	lou / oul	lan	lin	lon	lun	loi / oil
BL	Bla	blè	blé	ble	bli	blo	blu	blou	blan	blin	blon	blun	bloi
PL	Pla	plè	plé	ple	pli	plo	plu	plou	plan	plin	plon	plun	ploi
FL	Fla	flè	flé	fle	fli	flo	flu	flou	flan	flin	flon	flun	floi
TL	Tla	tlè	tlé	tle	tli	tlo	tlu						
R r	Ra / ar	rè / èr	ré	re	ri / ir	ro / or	ru / ur	rou / our	ran	rin	ron	run	roi / oir
BR	Bra	brè	bré	bre	bri	bro	bru	brou	bran	brin	bron	brun	broi
PR	Pra	prè	pré	pre	pri	pro	pru	prou	pran	prin	pron	prun	proi
VR	Vra	vrè	vré	vre	vri	vro	vru	vrou	vran	vrin	vron		
FR	Fra	frè	fré	fre	fri	fro	fru	frou	fran	frin	fron	frun	froi
DR	Dra	drè	dré	dre	dri	dro	dru	drou	dran	drin	dron	drun	droi
TR	Tra	trè	tré	tre	tri	tro	tru	trou	tran	trin	tron	trun	troi

SUITE DU SYLLABAIRE.

	A	E	É	E	I	O	U	OU	AN	IN	ON	UN	OI
	a	è	é	e	i	o	u	ou	an	in	on	un	oi
Y y	Ya	yè	yé	ye	yi	yo	yu	you	yan	yin	yon	yun	
	ail	eil			il			ouil					
GN	Gna	gnè	gné	gne	gni	gno	gnu	gnou	gnan	gnin	gnon		
Z z	Za	zè	zé	ze	zi	zo	zu	zou	zan	zin	zon	zun	zoi
	az	èz			iz	oz	uz	ouz	anz	inz	onz		
S s	Sa	sè	sé	se	si	so	su	sou	san	sin	son	sun	soi
	as	ès			is	os	us	ous	ans	ins	ons		
PS	Psa	psè	psé	pse	psi	pso	psu	psou	psan	psin	pson		
SP	Spa	spè	spé	spe	spi	spo	spu	spou	span	spin	spon		
SF	Sfa	sfè	sfé	sfe	sfi	sfo	sfu	sfou	sfan	sfin	sfon		
ST	Sta	stè	sté	ste	sti	sto	stu	stou	stan	stin	ston		
SPL	Spla	splè	splé	sple	spli	splo	splu	splou	splan	splin	splon		
ST	Stra	strè	stré	stre	stri	stro	stru	strou	stran	strin	stron		
J j	Ja	jè	jé	je	ji	jo	ju	jou	jan	jin	jon	jun	joi
	aj	èj			ij	oj	uj	ouj	anj	inj	onj		
CH	Cha	chè	ché	che	chi	cho	chu	chou	chan	chin	chon	chun	choi
G g	Ga			gue		go		gou	gan		gon		goi
	ag	èg			ig	og	ug	oug	ang	ing	ong		
GN	Gna	gnè	gné	gne	gni	gno	gnu	gnou	gnan	gnin	gnon		
GL	Gla	glè	glé	gle	gli	glo	glu	glou	glan	glin	glon		
GR	Gra	grè	gré	gre	gri	gro	gru	grou	gran	grin	gron		
GZ	Gza	gzè	gzé	gze	gzi	gzo	gzu	gzou	gzan	gzin	gzon		
C c	Ca			que		co		cou	can		con		coi
	ac	èc			ic	oc	uc	ouc	anc	inc	onc		
CL	Cla	clè	lé	cle	cli	clo	clu	clou	clan	clin	clon		cloi
CR	Cra	crè	cré	cre	cri	cro	cru	crou	cran	crin	cron		croi
CS	Csa	csè	csé	cse	csi	cso	csu	csou	csan	csin	cson		
SC	Sca					sco		scou	scan		scon		
SCL	Scla	sclè	sclé	scle	scli	sclo	sclu	sclou	sclan	sclin	sclon		
SCR	Scra												
GUI		Guè	gué	gueu	gui			gu		guin		gun	
QU		Què	qué	queu	qui			cu		quin		cun	
SQU		Squè	squé		squi			scu		squin		scun	

Nota. Il faudra détacher ce Syllabaire, et le coller sur carton.

www.ingramcontent.com/pod-product-compliance
Lightning Source LLC
Chambersburg PA
CBHW070754280326
41934CB00011B/2922